Kreative Dosen

Basteln mit Konservendosen ist der neueste Trend.

Aus der Wertstofftonne geholt, können Sie mit Dosen die originellsten Dekorationen basteln. Kombiniert mit Aludraht, Bandstahl und Metallprägefolie entstehen Einzelstücke, die bewundernde Blicke auf sich ziehen.

Ob als Kerzenständer, Aufbewahrungsbehälter oder Futterstelle – nützlich sind Ihre gebastelten Konservendosen noch dazu.

Nehmen Sie gleich Pinsel und Farbe zur Hand und los geht's.

Ich wünsche Ihnen viel Spaß beim Basteln!

Die Motive lassen sich in folgende Schwierigkeitsgrade unterteilen:

●○○ einfach ●●○ etwas schwieriger ●●● anspruchsvoll

IHRE GRUNDAUSSTATTUNG

Diese Materialien und Hilfsmittel werden für die meisten der gezeigten Objekte benötigt und daher in den einzelnen Materiallisten nicht nochmals aufgeführt:

- Safety-Dosenöffner
- Spülmittel
- Schmirgelpapier, 120er Körnung
- Metallfeile
- Verdünner
- Schaber für Keramik- und Glasflächen oder altes Messer
- Lappen, Schwamm, Wattestäbchen
- Transparentpapier
- Kohlepapier
- Lineal
- Bleistift
- Schere
- Zackenschere
- Cutter mit Schneideunterlage
- Seitenschneider
- Alleskleber
- Sekundenkleber
- Holzleim
- Pinsel in verschiedenen Größen
- Laub- oder Dekupiersäge
- Akkuschrauber oder Bohrmaschine mit Metall- und Holzbohrern in verschiedenen Durchmessern
- Schraubendreher
- Metallhaftgrund in Weiß
- wetterfester Klarlack
- wasserfeste Filzstifte in Schwarz und Weiß
- Buntstift in Rot

DIE WICHTIGSTEN MATERIALIEN

- Konservendosen in verschiedenen Größen
- Metallprägefolie in Silber
- matte Acrylfarbe
- Rostfinish
- Plusterfarbe
- Krakelierlack
- Filz in verschiedenen Farben
- verschiedene Bänder
- Draht
- Sperrholz
- Rundholzstäbe
- Bandstahl (aus dem Baumarkt)
- Styroporkugeln
- Holzperlen
- Schrauben und Muttern

Hinweis: Unter „Rest“ wird immer ein Stück verstanden, das maximal DIN A5 groß ist.

So wird's gemacht

Dosen öffnen und reinigen

Um scharfe Kanten an Deckel und Dose zu vermeiden, die Dosen auf jeden Fall mit einem speziellen Safety-Dosenöffner öffnen. Nur bei Dosen, die mit einem Safety-Dosenöffner geöffnet wurden, lassen sich die Deckel auch wieder als Verschlüsse verwenden.

Zuerst die Dosen mit Spülmittel oder in der Spülmaschine reinigen. Die Papierbanderole abreißen, Reste können durch Einweichen in warmem Wasser entfernt werden. Klebstoffreste mit Verdünner gründlich entfernen. Hartnäckige Klebstoffreste mit einem Schaber für Keramik- und Glasflächen oder einem ausgedienten Messer abschaben.

Tipp: Die Dosen müssen unbedingt gut von Fett und Staub gereinigt werden, damit die Farben gut haften.

Löcher bohren

Löcher gemäß jeweiliger Anleitung und Vorlage mit einem Akkuschrauber oder der Bohrmaschine mit Metallbohrern bohren. Scharfe Kanten mit Schmirgelpapier oder einer Metallfeile glätten. Die Dose mit Schmirgelpapier leicht anschleifen und den Schleifstaub entfernen oder mit weißem Metallhaftgrund grundieren. Metallprägefolie vor dem Farbauftrag ebenfalls anschleifen oder grundieren. Den Haftgrund gut trocknen lassen.

Tipp: Wollen Sie Dosen in einer hellen Farbe bemalen, sollten Sie sie weiß grundieren, damit die Farben gut zur Geltung kommen.

Dosen grundieren

Dose mit der gewünschten Acrylfarbe grundieren. Hier mit einem dicken Pinsel zügig und in eine Richtung arbeiten. Damit helle Farben gut decken diese ein zweites bzw. drittes Mal auftragen, dazwischen trocknen lassen. Die Farbe gut trocknen lassen.

Rosteffekte

Rosteffekte werden erzielt, indem die Dose oder die Metallfolie braun grundiert werden. Dann nach dem Trocknen mit einem trockenen Pinsel dünn Rostfinish auftragen. Dabei zügig und in eine Richtung arbeiten.

Vorlagen übertragen

Die Vorlage mit Bleistift auf Transparentpapier abpausen. Kohlepapier auf die Dose, das Holz, die Styropor- oder Holzkugel legen, die Vorlage darauf legen und die Linien mit einem Bleistift übertragen. Zum Übertragen der Vorlage auf Metallprägefolie diese auf einen weichen Untergrund, z. B. Moosgummi, legen. Die abgepauste Vorlage darauf legen und die Konturen mit Bleistift nachziehen. So werden diese durchgedrückt und das Motiv kann ausgeschnitten werden.

Tipp: Halten Sie das Kohlepapier nur leicht fest, da sonst Abdrücke entstehen.

Bemalen

Gesichter und feine Linien mit wasserfesten Filzstiften aufmalen. Zum Röten der Wangen einige Buntstiftspäne mithilfe eines Cutters von einem roten Buntstift abschaben, mit dem Zeigefinger aufnehmen und auf die Wangen reiben. Bei kleineren Motiven können die Buntstiftspäne mit einem Wattestäbchen aufgenommen und verrieben werden. Weiße Lichtpunkte in den Augen mit einem weißen, wasserfesten Filzstift oder bei großen Augen mit Acrylfarbe auftupfen. Für großflächige Bemalungen einen dickeren Pinsel verwenden.

Lackieren

Dosen für den Außenbereich müssen nach dem Trocknen mit einem wetterfesten Klarlack zum Sprühen oder Streichen überarbeitet werden. Den Lack auf gerötete Wangen aber nur tupfen, da diese sonst verwischen. Vorsicht beim Lackieren von Zubehörteilen wie z. B. Styroporköpfen, nicht jeder Lack eignet sich dafür!

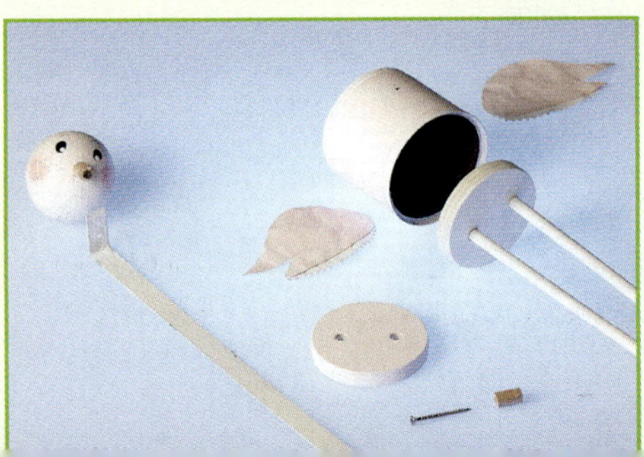

Zusammenfügen

Mit Schrauben und Muttern oder mit Aludraht können Dosen zusammengefügt werden. Dafür die vorgebohrte Dose an die zu befestigende zweite Dose halten und die Bohrung von der Innenseite der ersten Dose mit einem Stift übertragen. Nun auch die zweite Dose bohren. Schrauben durch die Bohrungen stecken und Muttern dagegen schrauben. Bei Befestigung mit Draht diesen durchziehen, von der Innenseite umknicken und die Enden verdrehen. Vorsicht, dass die gebohrten Löcher nicht scharfkantig sind. Evtl. Arbeitshandschuhe zum Schutz anziehen.
Bei manchen Dosen wird zum besseren Halt eine Sperrholzscheibe unter den Dosenboden geklebt. Hierzu aus Sperrholz eine Scheibe mit einem ca. 5 mm kleineren Durchmesser als den der Dose aussägen. Wird auch ein Rundholzstab in der Scheibe angebracht, diese gemäß Anleitung mittig durchbohren und anschließend den Stab in die Bohrung leimen, dann die Scheibe unter den Deckelboden kleben.

Tipp: Am besten bohren Sie Löcher in Holzkugeln, indem Sie diese in einen Schraubstock spannen oder in einer Schraubzwinge festklemmen.

Tipps zum Kleben

- Dose auf Dose: Sekundenkleber
- Metallprägefolie auf Dose: Alleskleber
- Holz auf Metall: Holzleim
- Holz auf Holz: Holzleim
- Styropor auf Metall oder Holz: Alleskleber (ohne Lösungsmittel)
- Stoff, Filz auf Styropor, Metallprägefolie oder Dose: Alleskleber (für Styropor ohne Lösungsmittel)

Kleine Küken

Beschreibung Seite 6

MOTIVHÖHE
ca. 10 cm

MATERIAL PRO KÜKEN
- glatte Dose, ø 5 cm, 7,3 cm hoch
- Metallprägefolienrest in Silber
- 2 Federn in Gelb oder Rosa, ca. 5,5 cm lang
- 2 Holzperlen in Natur, ø 8 mm
- Zugfeder, ø 4 mm, ca. 25 cm lang
- Acrylfarbe in Rot und in Rosa, Gelb oder Orange
- Metallbohrer, ø 1,5 mm
- Nylonfaden

VORLAGENBOGEN 1A

Kleine Küken

→ hüpfen lustig

1 Dose öffnen. In den Dosenboden mittig ein Loch (ø 1,5 mm) bohren. Dose grundieren und Streifen gemäß Abbildung aufmalen. Augen und Augenbrauen aufmalen, Wangen mit Buntstiftspänen röten.

2 Schnabel und Kamm aus Metallprägefolie ausschneiden und bemalen. Holzperle an ein 10 cm langes Stück Nylonfaden knoten und den Faden von der Innenseite der Dose durch die Bohrung nach außen führen. Eine zweite Perle von außen dagegen knoten. An den überstehenden Faden die Zugfeder knoten.

3 Kamm an der eingezeichneten Linie umknicken. Kamm, Schnabel sowie zwei Federn gemäß Abbildung mit Alleskleber aufkleben.

Huhn mit Herz

→ ländliche Gartendeko

1 Ca. 1,5 cm vom oberen Rand der offenen Dosen entfernt ein Loch (ø 2 mm) bohren. Dosen braun bemalen, nach dem Trocknen mit Rostfinish bestreichen. Trocknen lassen, dann die Spiralen gemäß Abbildung aufmalen.

2 Huhn und Herz aussägen und die Kanten mit Schmirgelpapier glätten. Beides bemalen, trocknen lassen, dann das Herz mit Holzleim auf das Huhn leimen. Das Kantholz unten spitz zusägen und beige bemalen.

3 Den Streifen für das Herz (eine Seite mit der Zackenschere) und das Kopfteil aus Metallprägefolie zuschneiden, braun bemalen, trocknen lassen und mit Rostfinish bestreichen. Nach dem Trocknen das Auge aufmalen und die Wangen mit Buntstiftspänen röten. Die Details aus Metall aufkleben.

4 Alles mit Klarlack lackieren. Die Dosen von innen mit zwei Schrauben am Kantholz gemäß der Abbildung befestigen. Das Huhn ebenfalls an das Holz schrauben. Die Dosen mit Ostergras und Eiern dekorieren.

MOTIVHÖHE
ca. 1,15 m

MATERIAL

- Sperrholz, 6 mm stark, 30 cm x 30 cm
- Kantholz, 5 cm x 5 cm, 1 m lang
- 2 glatte Dosen, ø 8,3 cm, 7,3 cm hoch
- Metallpräge-folienrest in Silber
- Acrylfarbe in Rot, Braun, Beige, Blau und Weiß
- Rostfinish
- 4 Schrauben, 2,5 mm x 3 cm
- Metallbohrer, ø 2 mm
- Ostergras in Natur

VORLAGEN-BOGEN 1A

Leuchtturm

→ für laue Sommernächte

MOTIVHÖHE
ca. 45 cm

MATERIAL

- geriffelte Dose, ø 15,5 cm, 15 cm hoch
- geriffelte Dose, ø 11,5 cm, 16,5 cm hoch
- geriffelte Dose, ø 7,5 cm, 5,5 cm hoch
- 5 glatte Dosen, ø 5,3 cm, 3,8 cm hoch
- Metallprägefolie in Silber, A5
- Draht in Silber, ø 1 mm, 25 cm lang
- Band in Blau/Weiß kariert, 5 mm breit, 70 cm lang
- Dekosand in Natur
- Acrylfarbe in Blau, Weiß, Schwarz und Gelb
- 5 Teelichter
- Metallbohrer, ø 1,5 mm

VORLAGENBOGEN 1B

1 Alle Dosen öffnen, der Deckel der großen Dose (ø 15,5 cm) wird auch benötigt. In die fünf kleinen Dosen (ø 5,3 cm) seitlich ca. 1,5 cm und 3 cm vom oberen, offenen Rand entfernt untereinander zwei Löcher (ø 1,5 mm) bohren. Die Markierungen für die Löcher zum Anbringen der kleinen Dosen an den beiden großen Dosen anbringen, dann bohren.

2 Das Dach aus Metallprägefolie ausschneiden, an einer Seite mit der Zackenschere. Alle Dosen, den Deckel der großen Dose und das Dach gemäß Abbildung und Vorlage bemalen. Nach dem Trocknen das Dach zusammenkleben, dann auf der gelb bemalten Dose (ø 7,5 cm) festkleben. Soll der Leuchtturm im Freien stehen, ihn mit Klarlack schützen.

3 Nach dem Trocknen das Band in zwei 35 cm lange Teile schneiden und gemäß Abbildung um zwei kleine Dosen binden. Den Draht in fünf 5 cm lange Stücke teilen. Die Drahtstücke von der Innenseite der großen Dosen durch eines der Löcher in den kleinen Dosen nach außen ziehen und durch das zweite Loch wieder in die große Dose zurückführen. Die Enden im Doseninneren verdrehen. Die einzelnen Leuchtturmteile mit Sekundenkleber zusammenfügen. Die kleinen Dosen mit Dekosand füllen und mit den Kerzen dekorieren.

Wackel-Flamingos

→ ideal für den Gartenteich

MOTIVHÖHE
ca. 85 cm

MATERIAL FÜR ZWEI FLAMINGOS

- 2 glatte Dosen, ø 8 cm, 7,3 cm hoch
- Metallprägefolie in Silber, A3
- Sperrholz, 8 mm stark, A4
- 4 Rundholzstäbe, ø 8 mm, je 50 cm lang
- Acrylfarbe in Rosa, Schwarz, Weiß und Grau
- Bandstahl, 1 mm stark, 1,5 cm breit, 2 x 30 cm lang
- 2 ungebohrte Rohholzkugeln, ø 5,5 cm
- 2 Rundholzstäbe, ø 1 cm, je 1,5 cm lang
- 6 Schrauben, 3 mm x 2 cm
- 2 Schrauben, M3 x 15, und Muttern
- Metallbohrer, ø 3 mm und 8 mm

VORLAGENBOGEN 1B

1 Die Dosen öffnen. Mit dem Dosenöffner in den Rand des Dosenbodens einen Schlitz von ca. 2,5 cm Länge ritzen. 3 cm unterhalb der Mitte des Schlitzes ein Loch (ø 3 mm) in die Dose bohren. In die beiden Bandstahlstücke mittig 1 cm und 2 cm vom Rand entfernt je ein Loch (ø 3 mm) bohren, auf der gegenüberliegenden Seite 1 cm vom Rand entfernt ein Loch (ø 3 mm) bohren. Den Bandstahl auf der Seite mit den zwei Bohrungen nach 3 cm im rechten Winkel knicken. Hier wird später der Kopf befestigt.

2 Vier Sperrholzscheiben (ø 7,8 cm) zusägen, für die Beine jeweils zwei durchgehende Löcher je 2,5 cm vom rechten und linken Rand entfernt (ø 8 mm) bohren. Aus Metallprägefolie die Flügel und die Randverzierung (auch mit der Zackenschere), die Schnabelteile und zwei Streifen (11 cm x 5 mm) für die Kopffedern ausschneiden. Anschließend alles rosa bzw. weiß grundieren und nach dem Trocknen bemalen.

3 Für die Kopffedern die Streifen über einem Stift zu Spiralen drehen. Zwei Schrauben (3 mm x 2 cm) durch die vorgebohrten Löcher im Bandstahl in die Holzkugelköpfe drehen. Die 1,5 cm langen Rundstäbe in Längsrichtung durchbohren (ø 3 mm). Anschließend die Schraube eindrehen und als Schnabelunterbau gemäß Vorlage in den Kopf schrauben.

4 Die Schnabelhälften an zwei Seiten zusammenkleben. Klebstoff auf den Rundstab des Unterbaus geben und den Schnabel an der offenen Seite darüber ziehen. Anschließend die Kopffedern aufkleben. Den Kopf mit dem Bandstahl durch den Schlitz im Dosenboden bis zur Übereinstimmung der Löcher schieben. Zwei Rundstäbe mit den Enden bündig in die Bohrungen der Sperrholzscheiben leimen und die Scheibe am Bandstahl vorbei unter den Dosenboden leimen. Gut trocknen lassen.

5 Die Schraube mit der Mutter in den vorgebohrten Löchern von Bandstahl und Dose befestigen. Die zweite Scheibe über die Rundstäbe in die Dose schieben, sodass die Scheibe ca. 5 mm vom Dosenrand entfernt festgeleimt werden kann. So erhält der Flamingo Stabilität. Flügel und Verzierungen mit Alleskleber befestigen, anschließend den Flamingo lackieren.

Freche Frösche

→ für Blumen und mehr

MOTIVHÖHE
ca. 54 cm

MATERIAL FROSCHMÄDCHEN

- geriffelte Dose, ø 7,3 cm, 5,7 cm hoch
- Metallprägefolie in Silber, A4
- Rundholzstab, ø 8 mm, 45 cm lang
- Acrylfarbe in Grün, Rosa, Blau und Orange
- Draht in Schwarz, ø 0,7 mm, 30 cm lang
- Sperrholzrest, 8 mm stark
- Metallbohrer, ø 1,5 mm und 8 mm

FROSCHJUNGE

- geriffelte Dose, ø 7,3 cm, 5,7 cm hoch
- Metallprägefolienrest in Silber
- Rundholzstab, ø 8 mm, 45 cm lang
- 2 Holzknöpfe, ø 1,5 cm
- Draht in Schwarz, ø 0,7 mm, 20 cm lang
- Acrylfarbe in Grün, Blau und Gelb
- Sperrholzrest, 8 mm stark
- Metallbohrer, ø 1,5 mm und 8 mm

VORLAGENBOGEN 1A

1 Die geöffneten Dosen am Deckelboden mittig durchbohren (ø 8 mm). Für die Beine des Froschjungen ca. 2,5 cm vom Boden entfernt zwei gegenüberliegende Löcher (ø 1,5 mm) bohren. Für die Beine des Froschmädchens in den Deckelboden 5 mm vom Rand entfernt im Abstand von 1,5 cm zwei Löcher (ø 1,5 mm) bohren.

2 Die Dosen gemäß Abbildung bemalen. Anschließend Köpfe, Füße, Schleife, Hosenträger und Rock aus Metallprägefolie ausschneiden (Rock mit der Zackenschere) und bemalen.

3 Die Füße aus Metallprägefolie mit einem Cutter durchbohren. Den Draht für den Froschjungen in zwei 10 cm lange Stücke, für das Mädchen in zwei 15 cm lange Stücke teilen. Zum Formen der Spiralen den Draht um einen Stift wickeln und wieder abziehen. Durch die Löcher in den Dosen ziehen, auf der Innenseite umknicken und festkleben. Die Füße anhängen und die Drahtenden verdrehen.

4 Zwei Sperrholzscheiben (ø 7 cm) zusägen und diese mittig (ø 8 mm) durchbohren. Die Rundholzstäbe gemäß Abbildung bemalen, bündig in die Bohrung der Sperrholzscheiben leimen und von innen gegen den Dosenboden kleben.

5 Die Teile aus Metallprägefolie anbringen. Den Rock über die Dose ziehen und von der Unterseite mit Alleskleber befestigen. Die Schleife in der Mitte zusammendrücken und aufkleben. Die Hosenträger wellig formen und gemäß Abbildung aufkleben. Anschließend die Knöpfe anbringen. Die Köpfe auf der Dose befestigen und alles mit Klarlack überziehen.

Geschenkdosen

→ für kleine Naschkatzen

Maus

1 Die Dose öffnen, der Deckel wird weiter verwendet. Dose, Deckel und Styroporkugel grau grundieren. Nach dem Trocknen das Gesicht auf die Styroporkugel malen.

2 Die Schürze aus Metallprägefolie ausschneiden (teilweise mit der Zackenschere) und bemalen, dann gemäß Abbildung aufkleben. Den Kopf auf der Deckelmitte befestigen, alles mit Klarlack lackieren und trocknen lassen. Die Ohren aus Filz und den Pompon aufkleben.

Naschkatze

1 Dose, Deckel und Styroporkugel weiß grundieren, nach dem Trocknen die schwarzen Streifen und das Gesicht aufmalen.

2 Den Kopf auf die Deckelmitte kleben. Das Herz aus Metallprägefolie ausschneiden, bemalen, beschriften und nach dem Trocknen auf die Dose kleben. Die Zierlinien mit wasserfestem Filzstift malen.

3 Deckel, Kopf und Dose mit Klarlack lackieren. Den schwarzen und weißen Chenilledraht miteinander verdrehen und gemäß Abbildung als Schwanz aufkleben. Die aus Filz zugeschnittenen Ohren und den Pompon aufkleben.

Bär

1 Die Dose öffnen, der Deckel wird auch benötigt. Beides gemäß Vorlage und Abbildung bemalen. Die braunen Streifen auf die Dose malen. So lange die braune Farbe noch nass ist mit einem Schwamm darüber tupfen, sodass sie etwas verwischt. Nach dem Trocknen die schwarzen Punkte aufmalen.

2 Die Biene aus Metallprägefolie ausschneiden, bemalen, trocknen lassen und dann mit Alleskleber auf die Dose kleben. Die Linien und Fühler mit wasserfestem Stift malen.

3 Die Styroporkugel ocker grundieren und dann das Gesicht aufmalen. Die Holzhalbkugeln bemalen, trocknen lassen und als Hände aufkleben. Deckel, Kopf und Dose mit Klarlack lackieren und trocknen lassen. Kragen und Ohren aus Filz zuschneiden (eine Seite der Ohren mit der Zackenschere) und aufkleben. Anschließend den Kopf auf dem Kragen befestigen und den Pompon aufkleben.

MOTIVHÖHE
ca. 18 cm

MATERIAL
MAUS
- geriffelte Dose, ø 8,5 cm, 11,5 cm hoch
- Styroporkugel, ø 6 cm
- Metallprägefolienrest in Silber
- Filzrest in Rosa
- Pompon in Schwarz, ø 1,5 cm
- Acrylfarbe in Grau, Pink und Weiß

NASCHKATZE
- geriffelte Dose, ø 8,5 cm, 11,5 cm hoch
- Styroporkugel, ø 6 cm
- Metallprägefolienrest in Silber
- Filzrest in Weiß
- Pompon in Schwarz, ø 1,5 cm
- Chenilledraht in Weiß und Schwarz, je 50 cm lang
- Acrylfarbe in Weiß, Schwarz und Rot

BÄR
- geriffelte Dose, ø 10 cm, 12 cm hoch
- Metallprägefolienrest in Silber
- Styroporkugel, ø 7 cm
- 2 Rohholzhalbkugeln, ø 3 cm
- Filzreste in Gelb und Braun
- Pompon in Schwarz, ø 1,5 cm
- Acrylfarbe in Gelb, Braun, Schwarz, Weiß und Ocker

VORLAGENBOGEN 1A

Witzige Spardosen

→ für Groß und Klein

MOTIVHÖHE
ca. 13 cm und 25 cm

MATERIAL SPARSCHWEIN

- glatte Dose, ø 7,5 cm, 8,3 cm hoch
- gebohrte Rohholzkugel, ø 5 cm
- Metallprägefolienrest in Silber
- Plusterfarbe in Weiß
- Acrylfarbe in Blau, Gelb und Rosa
- Bastrest in Natur
- 2 Astknöpfe, ø 1,5 cm, ca. 3 mm dick
- Metallbohrer, ø 3 mm

URLAUBSKASSE

- 3 glatte Dosen, ø 5,3 cm, 7,3 cm hoch
- Metallprägefolie in Silber, A5
- ungebohrte Rohholzkugel, ø 3 cm
- Acrylfarbe in Braun, Ocker, Hellbraun und Grün
- Plusterfarbe in Weiß
- Metallbohrer, ø 3 mm
- Papierdraht in Natur, ø 2 mm, 10 cm lang

VORLAGENBOGEN 1B

Sparschwein

1 Dose öffnen, der Deckel wird weiter verwendet. Den Schlitz (3,5 cm lang) ca. 1 cm vom offenen Dosenrand entfernt aufzeichnen und mit einem Metallbohrer auf dem angezeichneten Strich eng nebeneinander Löcher bohren, sodass ein Schlitz entsteht. Anschließend die Ränder mit einer Metallfeile glätten.

2 Die Teile aus Metallprägefolie ausschneiden und bemalen. Die Dose und die Holzkugel gemäß Vorlage und Abbildung bemalen, die Streifen und das €-Zeichen gemäß Abbildung mit Plusterfarbe aufmalen. Ohren, Nase und Hosenträger mit Alleskleber befestigen.

3 Den Kopf mit Holzleim mittig auf den Dosendeckel kleben. Anschließend alles mit Klarlack lackieren. Ca. 2 cm lange Stücke Bast zuschneiden, bündeln und in die obere Bohrung des Kopfes als Haare kleben. Die Knöpfe auf die Hosenträger leimen.

Urlaubskasse

1 Eine Dose auf beiden Seiten und zwei Dosen auf nur einer Seite öffnen. Auf eine der einseitig geöffneten Dosen ca. 1 cm vom Dosenboden entfernt einen Schlitz (Länge 2,5 cm) zeichnen. Mit dem Metallbohrer auf dem angezeichneten Strich viele kleine Löcher nebeneinander bohren, sodass ein Schlitz entsteht. Ränder des Schlitzes mit der Feile glätten.

2 Die Dosen mit Sekundenkleber zusammenfügen, die Dose mit den zwei geöffneten Böden gehört in die Mitte. Anschließend braun bemalen, nach dem Trocknen die ockerfarbenen Streifen gemäß Abbildung aufmalen und den Schriftzug mit Plusterfarbe anbringen.

3 Die Palmenblätter und den Affen aus Metallprägefolie ausschneiden und bemalen. Nach dem Trocknen mit Alleskleber gemäß Abbildung auf die Dose kleben. Die Holzperle bemalen und oben auf der Mitte des Deckels mit Holzleim befestigen. Papierdraht um einen Stift drehen und auf der Rückseite des Palmblattes festkleben. Zum Schluss alles mit Klarlack lackieren.

Tipp: Schleifen Sie den Kopf des Schweins und die Holzperle für die Palme unten leicht an, sodass eine ebene Klebefläche entsteht.

URLAUBS-
KASSE

MOTIVHÖHE
ca. 21 cm

MATERIAL
- 3 geriffelte Dosen, ø 7 cm, 10,7 cm hoch
- geriffelte Dose, ø 7 cm, 5,8 cm hoch
- geriffelte Dose, ø 10 cm, 12 cm hoch
- Aludraht, ø 2 mm, 90 cm lang
- Alustange, ø 1 cm, 77 cm lang
- 2 ungebohrte Rohholzkugeln, ø 4 cm
- Metallbohrer, ø 2 mm und 1 cm
- Acrylfarbe in Ocker, Beige und Rot
- Serviettenkleber
- Krakelierlack
- Serviette mit Naturmotiven in Ocker und Rot
- dünner Draht oder starker Nylonfaden

Für die Küche

→ ungewöhnliche Aufbewahrung

Tipp: Die Dosen können Sie zu Ihrer Küche passend gestalten. Lassen Sie sich von der Vielfalt der im Handel angebotenen Servietten inspirieren.

1 Dosen öffnen und in jede Dose ca. 1 cm vom Rand der offenen Seite entfernt ein Loch (ø 2 mm) bohren. In die Holzkugeln ein Loch (ø 1 cm, 1 cm tief) bohren.

2 Die Dosen ocker grundieren, nach dem Trocknen Krakelierlack auftragen. Gut trocknen lassen, dann beige übermalen. Beim Trocknen der Farbe entstehen Risse. Die Holzkugeln bemalen und nach dem Trocknen mit Holzleim auf die Enden der Alustange kleben.

3 Die Motive aus der Serviette ausschneiden und die oberste, bedruckte Schicht der Serviette vorsichtig abziehen. Auf den Dosen an den gewünschten Stellen Serviettenkleber auftragen, darauf die Serviettenmotive legen und vorsichtig fest streichen. Nach dem Trocknen die Dosen mit Klarlack lackieren.

4 Den Aludraht in fünf 12 cm bis 20 cm lange Stücke teilen, diese durch die Löcher in den Dosen ziehen und die Enden gegengleich umbiegen. Die Dosen am Draht an die Stange hängen. Die Stange auf beiden Seiten mit dünnem Draht oder stärkerem Nylonfaden aufhängen.

Sweet home

→ raffiniertes Klangspiel

MOTIVHÖHE
ca. 61 cm

MATERIAL
- geriffelte Dose, ø 7,3 cm, 17,7 cm hoch
- Metallprägefolie in Silber, A4
- Stoffrest in Blau/Weiß kariert
- gebohrte Rohholzkugel, ø 2,5 cm
- Draht in Schwarz, ø 0,7 mm, 70 cm lang
- Ostergras in Natur
- 3 Klangstäbe, ø 1,5 cm, 21 cm, 24 cm und 27 cm lang
- Garn in Braun, ø 1 mm
- Sperrholzrest, 8 mm stark
- Acrylfarbe in Braun, Rosa, Schwarz, Beige, Orange und Gelb
- Rostfinish
- Metallbohrer, ø 1,5 mm
- Krakelierlack
- Schaschlikstäbchen

VORLAGENBOGEN 1 B

1 Dose öffnen. In die Mitte des Deckelbodens ein Loch (ø 1,5 mm) bohren. Braun bemalen, nach dem Trocknen mit Rostfinish überziehen. Dann das Einflugloch aufmalen.

2 Katzenkopf, Pfoten, Vogel und Schild aus Metallprägefolie ausschneiden. Die Nase der Katze und den Flügel des Vogels vor dem Bemalen von der Rückseite mit einem Kugelschreiber eindrücken, sodass sie plastisch wirken. Neben der Nase in die Metallprägefolie mit dem Cutter gemäß Abbildung vier Löcher für die Barthaare stechen. Nach dem Grundieren des Kopfes mit dem Schwamm etwas beige Acrylfarbe gemäß Abbildung auftupfen. Die Pfoten in Orange bemalen.

3 Das Schild braun grundieren, nach dem Trocknen Krakelierlack auftragen, wieder trocknen lassen, dann beige übermalen. Beim Trocknen der Farbe entstehen Risse. Anschließend mit einem wasserfesten, schwarzen Stift beschriften.

4 Den Vogel bemalen. Den Flügel und einen 3 mm x 7 cm Streifen für die Locke braun grundieren, nach dem Trocknen mit Rostfinish übermalen, dann die Punkte aufmalen. Den Streifen für die Haare mit den Händen zu einer Spirale drehen. Alle Metallteile gemäß Abbildung auf die Dose kleben.

5 Aus dem Sperrholz eine Scheibe (ø 6 cm) aussägen, ein Loch mittig und drei Löcher (ø 1,5 mm) seitlich verteilt, ca. 5 mm vom Rand entfernt, bohren. 30 cm Draht durch die mittige Bohrung ziehen und verknoten. Drei ca. 25 cm lange Stücke Garn durch die seitlichen Bohrungen ziehen, die Klangstäbe daran hängen und die Fäden verknoten. Dann die Scheibe von der Innenseite an den Dosenboden leimen, den Draht durch die Öffnung nach außen ziehen.

6 Die Holzkugel gemäß Abbildung bemalen und oben aufleimen. Dabei darauf achten, dass die Bohrungen oben und unten sind, sodass der Draht durchgezogen werden kann. Dose lackieren. Für die Schleife ein 7 cm x 7 cm großes Stück Stoff zuschneiden und an zwei gegenüberliegenden Seiten die Enden ca. 2 cm tief einschneiden. Mit 5 cm Draht zusammenbinden und auf den Kopf kleben. Den restlichen Draht für die Schnurrhaare in vier gleich lange Stücke teilen. Zum Formen der Spiralen um einen Schaschlikstab drehen. Durch die Metallprägefolie ziehen und die Enden von der Rückseite umknicken. Mit Alleskleber befestigen. Zum Schluss das Ostergras aufkleben.

Rabe Wackel

→ freundlicher Empfang

1 Die Dose öffnen und den Boden mittig (ø 1 cm) durchbohren. An der offenen Seite ca. 7 mm vom Rand entfernt ein Loch (ø 2 mm) bohren. Für die Flügel auf beiden Seiten 3,5 cm vom Dosenboden entfernt gegenüberliegend einen ca. 1,5 cm langen Strich zeichnen. Mit dem Metallbohrer (ø 2 mm) auf dem Strich viele kleine Löcher nebeneinander bohren, sodass ein Schlitz entsteht. 5 mm und 2 cm vom Schlitz entfernt unterhalb des Schlitzes mittig zwei Löcher untereinander (ø 2 mm) bohren. Mit der Metallfeile glätten. Die kleine Dose öffnen, dann den Deckel wieder aufkleben und rot bemalen.

2 Zwei Sperrholzscheiben (ø 11 cm) aussägen und mittig ein Loch (ø 1 cm) bohren. Den Bandstahl mit einem Seitenschneider in zwei 20 cm lange Teile schneiden. Herz, Schnabel, Flügel (auch mit der Zackenschere) und Blatt aus Metallprägefolie ausschneiden. Dose, Bandstahl, Styroporkugel, Holzhalbkugeln und die entsprechenden Teile aus Metallprägefolie schwarz bemalen. Ebenso Herz, Schnabel, Flügel und Blatt bemalen.

3 Vom Rundholzstab ca. 2,5 cm absägen und braun bemalen. Den restlichen Rundholzstab weiß, am Ende ca. 7 cm in Rot bemalen und die Streifen am Hals mit weißer Plusterfarbe aufmalen.

4 Eine Sperrholzscheibe auf den Rundholzstab leimen, sodass sie ungefähr 8 cm vom Ende der rot gemalten Seite entfernt ist. Sperrholzscheibe mit Rundstab unter den Deckelboden leimen. Das rote Stück des Rundholzstabes ist der Hals. Bandstahl 3 cm weit durch die Schlitze für die Flügel schieben und auf der Innenseite der Dose umknicken. Den Bandstahl mit je zwei Muttern und Schrauben befestigen. Nun die zweite Sperrholzscheibe auf den Rundholzstab leimen, sodass sich diese ca. 3 cm vom Dosenrand entfernt im Doseninneren befindet.

5 Den Papierdraht in 20 cm für die Aufhängung des Apfels und 12 cm für die Haare teilen. Mit dem Cutter eine Vertiefung für die Haare (ø 4 mm) in die Styroporkugel stechen, den Papierdraht zum Formen um einen Stift wickeln. Wieder abziehen und einkleben. Den Schnabel zu einer Tüte formen und zusammenkleben. Mit Füllwatte ausstopfen und mit Alleskleber am Kopf befestigen. Dann den Kopf auf den Rundholzstab leimen.

6 An die Enden der Flügel je zwei Holzhalbkugeln gemäß Abbildung mit Holzleim gegeneinander leimen. Zum Trocknen mit Schraubzwingen fixieren.

7 Das Herz beschriften und zusammen mit dem mit der Zackenschere ausgeschnittenen Flicken und dem Astknopf aufkleben. Die Flügel aus Metallprägefolie am Bandstahl gemäß Abbildung anbringen.

8 Den Stiel mittig auf die kleine Dose kleben, dann den Schraubhaken in den Stiel drehen. Den restlichen Papierdraht zum Formen der Spiralen um einen Stift wickeln und wieder abziehen. Anschließend in die Bohrung am Rabe hängen, die Enden verdrehen und an das andere Ende den Apfel am Schraubhaken aufhängen. Alles mit Klarlack lackieren.

MOTIVHÖHE
ca. 1 m

MATERIAL

- glatte Dose, ø 5,3 cm, 3,8 cm hoch
- geriffelte Dose, ø 11,5 cm, 17,7 cm hoch
- Sperrholz, 8 mm stark, 23 cm x 12 cm
- Rundholzstab, ø 1 cm, 92,5 cm lang
- Metallprägefolie in Silber, A3
- Bandstahl, 1 mm stark, 1,5 cm breit, 40 cm lang
- Stoffrest in Rot/Weiß kariert
- Styroporkugel, ø 9 cm
- 4 Rohholzhalbkugeln, ø 3,5 cm
- Astknopf, ø 1 cm
- Papierdraht in Natur, ø 2 mm, 32 cm lang
- Acrylfarbe in Schwarz, Rot, Orange, Grün und Weiß
- Plusterfarbe in Weiß
- 4 Schrauben, M3 x 1,5 cm, mit Muttern
- Schraubhaken, 1 mm x 1,5 cm
- Schraubzwingen
- Metallbohrer, ø 1 cm und 2 mm
- Füllwatte

VORLAGENBOGEN 1B

MOTIVHÖHE
ca. 76 cm

MATERIAL
- geriffelte Dose, ø 15,5 cm, 24,5 cm hoch
- 4 glatte Dosen, ø 5,3 cm, 3,8 cm hoch
- 5 glatte Dosen, ø 5,3 cm, 7,8 cm hoch
- Metallprägefolienrest in Silber
- Filz in Braun, 25 cm x 25 cm
- teilbare Styroporkugel, ø 15 cm
- Sperrholz, 8 mm stark, 16 cm x 16 cm
- Rundholzstab, ø 1,2 cm, 6 cm lang
- 2 Holzknöpfe, ø 2 cm
- Stoff in Blau/Weiß gestreift, 50 cm x 15 cm
- Satinband in Orange, 5 mm breit, 88 cm lang
- Satinband in Gelb, 5 mm breit, 72 cm lang
- Satinband in Orange, Grün und Gelb, 1,5 cm breit, je 1 m lang
- 15 Rohholzperlen, ø 1 cm
- Bast in Natur
- Papierdraht in Natur, ø 2 mm, 1,50 m lang
- Füllwatte
- Acrylfarbe in Hautfarbe, Beige, Braun, Antikblau und Orange
- Rostfinish
- dünner Draht für die Aufhängung
- Metallbohrer, ø 2 mm und 1,2 cm

VORLAGENBOGEN 2A

Dicke Vogelscheuche

→ sorgt für Lärm

1 Alle Dosen öffnen. In die große Dose ca. 2,5 cm vom Dosenboden entfernt an zwei gegenüberliegenden Seiten je ein Loch (ø 2 mm) bohren. In den Dosenboden mittig ein Loch (ø 1,2 cm) bohren. Am offenen Ende ca. 5 mm vom Rand entfernt in beliebigen Abständen fünf Löcher (ø 2 mm) für die Kürbisse bohren. Alle Böden der kleinen Dosen mittig durchbohren (ø 2 mm).

2 Die große Dose beige und antikblau gemäß Abbildung grundieren und nach dem Trocknen oben und in der Mitte mit einem Schwamm etwas Rostfinish auftragen. Zwei Dosen (ø 5,3 cm x 3,8 cm hoch) und zwei Dosen (ø 5,3 cm x 7,8 cm hoch) in Braun bemalen. Anschließend Rostfinish auftragen. Die restlichen Dosen orange grundieren, dann die Gesichter der Kürbisse aufmalen.

3 Die Blätter und zwei Herzen aus Metallprägefolie ausschneiden, für die Stiele der Kürbisse drei 12 cm x 3 mm große Streifen zuschneiden. Alles bis auf ein Herz braun bemalen, mit Rostfinish überstreichen und Blätter und Stiele auf die Kürbisse kleben. Die Styroporkugel hautfarben grundieren, nach dem Trocknen das Gesicht aufmalen und unten mit dem Cutter ein Loch (ø 1,2 cm) anbringen. Das zweite Herz beige bemalen und mit etwas Rostfinish betupfen. Alle Dosen und den Kopf mit Klarlack lackieren.

4 Eine Scheibe (ø 15 cm) aus Sperrholz sägen und mittig durchbohren (ø 1,2 cm). Den Rundholzstab bündig in die Scheibe leimen und diese von innen gegen den Dosenboden leimen. Vom Papierdraht 2 x 20 cm für die Arme abschneiden und am Ende verknoten. Auf ein Ende je eine Perle fädeln und den Draht von innen nach außen gemäß Abbildung durch die Löcher der kleinen, braunen Dosen ziehen. Eine zweite Perle von oben dagegen kleben. Anschließend wieder verknoten und die nächste Dose mit Perle auffädeln. Am Schluss durch die Bohrungen der großen Dose nach innen ziehen und von der Innenseite eine Perle dagegen knoten.

5 Die Holzknöpfe braun anmalen und mit Rostfinish überstreichen. Mit Holzleim aufkleben. Den restlichen Papierdraht zweimal um den Bauch der Vogelscheuche schlingen, die Enden verdrehen und über einem Stift zu Spiralen drehen. Halstuch und Flicken aus Stoff zuschneiden, dann den Flicken und darauf das braune Metallherz aufkleben.

6 Für den Hut einen Kreis (ø 25 cm) aus braunem Filz ausschneiden. Auf die Styroporkugel etwas Füllwatte kleben, dann den Hut gemäß Abbildung auf den Kopf kleben. Zusätzlich Bast anbringen, die Hutkrempe umschlagen und das beigefarben bemalte Herz aus Metallprägefolie aufkleben. Den Kopf so auf den Stab kleben, dass ca. 2 cm Hals zu sehen sind. Das orangefarbene Satinband (5 mm breit) in ein 25 cm, 27 cm und 36 cm langes Stück, das gelbe Satinband (5 mm breit) in ein 27 cm und ein 35 cm langes Stück schneiden. An die Enden je eine Perle knoten und von innen nach außen durch die Kürbisse ziehen. Satinbänder durch die Löcher im Körper ziehen und verknoten. Die breiten Satinbänder in je zwei 50 cm lange Teile schneiden und von innen mit Alleskleber gegen den Körper kleben. Das Halstuch umbinden und für die Aufhängung den dünnen Draht durch die beiden Armbohrungen der großen Dose ziehen. Die Enden von der Außenseite verknoten.

Hilfsbereiter Schneemann

→ Futterstation für Piepmätze

1 Alle Dosen öffnen. In den Boden von zwei kleinen Dosen mittig ein Loch (ø 2 mm) und in den Boden der dritten kleinen Dose mittig ein Loch (ø 8 mm) bohren. In die große Dose ca. 3,5 cm vom Boden entfernt auf zwei gegenüberliegenden Seiten Löcher (ø 2 mm) für die Arme und in die Mitte des Bodens ein Loch (ø 8 mm) bohren. In die übrig gebliebene Dose für den Hut 1,5 cm vom offenen Rand entfernt je zwei Löcher (ø 2 mm) im Abstand von 3 cm nebeneinander bohren. Die Styroporkugel weiß bemalen.

2 Den Aludraht in zwei 12 cm lange Teile schneiden und zu kleinen Griffen formen. Die Enden durch die Bohrungen der Dose nach innen ziehen und umknicken. Den Topf samt Griffen schwarz bemalen, nach dem Trocknen gemäß Abbildung mit Plusterfarbe verzieren.

3 Die Dosen für Körper, Hals und Hände sowie die Styroporkugel gemäß Abbildung und Vorlagen bemalen. Nach dem Trocknen mit Plusterfarbe Schneeflocken, Punkte und Streifen aufmalen. Aus Sperrholz eine Scheibe (ø 11 cm) aussägen und mittig ein Loch (ø 8 mm) bohren. Das Rundholz bündig in die Sperrholzscheibe leimen, dann die Scheibe unter den Dosenboden leimen. Hierbei den Rundholzstab als Hals durch die Bohrung nach außen führen. Die Dose für den Hals durch den Stab ziehen, mit Sekundenkleber aufkleben, anschließend auf den herausstehenden Rundholzstab den Styroporkopf stecken und festkleben. Den Topf aufkleben.

4 Die Nase aus Metallprägefolie ausschneiden, bemalen und nach dem Trocknen zu einer Tüte zusammenkleben. Mit Füllwatte ausstopfen. Gemäß Abbildung mit Plusterfarbe verzieren, dann auf die Styroporkugel kleben. Das Gesicht aufmalen. Alle Dosen und den Kopf mit Klarlack lackieren.

5 Die Baumwollkordel in zwei 16 cm lange Teile teilen, an jedes Ende je eine Holzperle knoten, von innen nach außen durch die Armbohrungen der großen Dose ziehen. Anschließend die kleinen Dosen als Hände auffädeln und auf deren Innenseite nochmals je eine Perle anknoten.

6 Den Schraubhaken in die Mitte der eingeklebten Sperrholzscheibe drehen und den Meisenknödel daran mit Nylonfaden aufhängen. Zum Aufhängen des Schneemanns Nylonfaden durch die Löcher für die Arme ziehen und von der Außenseite verknoten.

MOTIVHÖHE
ca. 52 cm

MATERIAL
- geriffelte Dose, ø 11,3 cm, 17,7 cm hoch
- glatte Dose, ø 7,3 cm, 8 cm hoch
- 3 glatte Dosen, ø 5,3 cm, 4,8 cm hoch
- Styroporkugel, ø 11 cm
- Sperrholzrest, 8 mm stark
- Rundholzstab, ø 8 mm, 10 cm lang
- Aludraht in Silber, ø 2 mm, 24 cm lang
- Metallprägefolienrest in Silber
- Baumwollkordel in Schwarz, ø 2 mm, 32 cm lang
- Nylonfaden
- 4 Holzperlen in beliebiger Farbe, ø 1 cm
- Acrylfarbe in Weiß, Flieder, Orange und Schwarz
- Plusterfarbe in Weiß
- Meisenknödel
- Metallbohrer, ø 8 mm und 2 mm
- Schraubhaken, 3 mm x 1,5 cm
- Füllwatte

VORLAGEN-BOGEN 2A

Witziger Adventskalender

→ hübsch fürs Fensterbrett

MATERIAL

- 24 glatte Dosen, ø 6,3 cm, 6,3 cm hoch
- 12 ungebohrte Rohholzkugeln, ø 2,5 cm
- Rundholzstab, ø 8 mm, 30 cm lang
- Filz in Hellblau, 50 cm x 60 cm
- Acrylfarbe in Weiß, Hellblau und Orange
- Satinband in Weiß, 3 mm breit, 5,40 m lang
- Schleifenband in Blau/Beige kariert, 2 cm breit, 2,64 m lang
- Plusterfarbe in Weiß
- Bohrer, ø 8 mm

MOTIVHÖHE
ca. 11 cm und 14 cm

VORLAGENBOGEN 2A

1 Alle Dosen öffnen, Zwölf Deckel werden ebenfalls benötigt. Je zwölf Dosen in Weiß bzw. Hellblau, die Deckel in Weiß grundieren. Schneeflocken und Punkte gemäß Abbildung mit Plusterfarbe aufmalen, Gesichter malen.

2 Den Rundholzstab in zwölf 2,5 cm lange Stücke teilen. In die Holzkugeln Löcher (ø 8 mm, 5 mm tief) bohren. Rundholzstäbe in diese leimen, anschließend Holzkugeln und Stäbe gemäß Abbildung bemalen und trocknen lassen. Die Stäbe auf die Deckelmitten kleben, dann alles mit Klarlack lackieren.

3 Für die Schneemänner 22 cm x 10 cm große Rechtecke aus Filz zuschneiden, auf der breiten Seite ca. 2,5 cm tief in 2 cm breite Fransen schneiden. Innen an den Dosenrand kleben. Das karierte Schleifenband in zwölf 22 cm lange Teile schneiden, der Länge nach mittig falten und um den Dosenrand kleben. Das Satinband in zwölf 45 cm lange Teile schneiden und um den Filz binden.

Tipp: Die Dosen lassen sich auch als Geschenkverpackungen oder als Tischschmuck verwenden.

Weihnachtliche Geschenkdosen

→ dekorativ und nützlich

MOTIVHÖHE
ca. 10 cm bis 16 cm

MATERIAL PINGUIN

- glatte Dose, ø 7,3 cm, 8,3 cm hoch
- Filzrest in Orange
- Filz in Blau, 26 cm x 11 cm
- Schleifenband in Gelb/Weiß kariert, 1 cm breit, 25 cm lang
- Acrylfarbe in Weiß und Schwarz

LEBKUCHEN-MÄNNCHEN

- glatte Dose, ø 6,3 cm, 6,3 cm hoch
- Filzrest in Weiß
- Schleifenband in Rot/Weiß kariert, 1 cm breit, 50 cm lang
- Faden in Weiß und Nähnadel
- Acrylfarbe in Braun, Weiß und Rot
- Plusterfarbe in Weiß

VORLAGENBOGEN 2A

Pinguin

1 Die Dose öffnen und bemalen, nach dem Trocknen mit Klarlack lackieren.

2 Den Schnabel aus Filz zuschneiden, mit wasserfestem, schwarzem Stift bemalen und aufkleben. Für die Mütze das 26 cm x 11 cm große Filzrechteck an einer breiten Seite in 1,5 cm breite und ca. 2 cm lange Fransen schneiden und um den Dosenrand kleben. Mit Schleifenband zusammenbinden.

Lebkuchenmännchen

1 Die Dose öffnen und braun grundieren. Nach dem Trocknen etwas weiße Farbe auf einen Schwamm geben und vorsichtig auf die Dose tupfen. Dann das Gesicht aufmalen und die Verzierungen mit Plusterfarbe anbringen. Nach dem Trocknen mit Klarlack lackieren.

2 Aus Filz einen Kreis (ø 14 cm) ausschneiden und den Rand des Kreises mit Nadel und Faden in großen Steppstichen umnähen. Anschließend am Faden zusammenziehen, sodass der Hut etwas weiter ist als der Dosendurchmesser, dann den Faden verknoten. Das karierte Band so aufkleben, dass es an den überstehenden Enden zu einer Schleife gebunden werden kann. Anschließend die Mütze als Abdeckung über den Dosenrand ziehen.

MATERIAL NIKOLAUS

- Dose, ø 7,3 cm, 8,3 cm hoch
- Filz in Weiß, 26 cm x 8 cm, und in Rot, 26 cm x 10 cm
- Pompon in Rot, ø 1,5 cm
- Kordel in Silber, 3 mm breit, 17 cm lang
- Acrylfarbe in Hautfarbe und Weiß

VORLAGENBOGEN 2A

WEITERFÜHRUNG

Weihnachtliche Geschenkdosen

Nikolaus

1 Die Dose öffnen, bemalen und nach dem Trocknen mit Klarlack lackieren.

2 Den Bart und die Mützenumrandung aus weißem Filz zuschneiden. Die Umrandung der Länge nach in der Mitte falten und an den Dosenrand kleben. Bart und Pompon ebenfalls ankleben. Den roten Filz auf der breiten Seite in ca. 2 cm breite und ca. 4 cm lange Fransen schneiden und an den Innenrand der Dose kleben. Mit der Silberkordel zubinden.

DIESES BUCH ENTHÄLT 2 VORLAGENBOGEN

IMPRESSUM

FOTOS: frechverlag GmbH, 70499 Stuttgart; Fotostudio Ullrich & Co., Renningen
DRUCK: frechdruck GmbH, 70499 Stuttgart

Auflage: 5. 4. 3. 2. 1.
Jahr: 2008 2007 2006 2005 2004 [Letzte Zahlen maßgebend]

ISBN 3-7724-3322-7
Best.-Nr. 3322